MW01643962

LES INFOS DU PETIT MUSC

6-9 ans

Des jolies histoires pour découvrir en famille des réponses simples à des questions compliquées.

Pour chaque question, il y a deux explications. Les enfants jouent à trouver laquelle est vraie, s'amusent en lisant la fausse et vérifient leur choix dans la pochette secrète.

39,00 F
5,95 €

DANS LA MÊME COLLECTION :

Illustrations : Laurence Jammes
Texte version fausse : Jean-Michel Billioud
Texte version vraie : France Cayet

LES ÉDITIONS DU PETIT MUSC
GROUPE PLAY BAC
33, rue du Petit-Musc
75004 Paris - FRANCE
Tél. : 01 53 01 24 00
www.petit-musc.com
Diffusion FLAMMARION

MAIS POURQUOI la mer est-elle salée ?

Est-ce grâce au voyage des gouttes d'eau ?

Lis les deux histoires. Devine laquelle est vraie et découpe la pochette secrète qui se trouve au milieu du livre pour vérifier ta réponse.

Depuis toujours, les beaux nuages blancs nous envoient de l'eau très douce : l'eau de pluie.

Elle tombe partout sur le sol, pénètre dans les rochers des montagnes et dans le sol des prairies.

Arrivées sur la terre, les gouttes d'eau rencontrent des petites billes de sel cachées dans le sol.

Ravies d'avoir de la compagnie, les petites billes de sel entrent dans les gouttes d'eau.

Ensemble, elles partent pour un grand voyage.

D'abord elles passent dans les petits trous du sol, puis dans les petites rivières, puis dans les grandes rivières, puis dans les fleuves.

Elles finissent leur long parcours dans la... mer.

À peine arrivées dans la mer, les gouttes d'eau veulent déjà repartir.
Juste avant, elles se séparent de leur bille de sel.
Toutes légères, elles sont prêtes pour un nouveau voyage.

Celles qui sont à la surface de l'eau seront les premières à s'envoler.

Seules les petites billes de sel ne veulent pas s'envoler. Elles préfèrent rester dans l'eau avec toutes leurs amies.
Car dans la mer, il y a déjà des milliers d'autres billes de sel.

La plupart d'entre elles racontent qu'elles arrivent tout droit du fond des océans et qu'elles sont là depuis la formation de la Terre, il y a 4,5 milliards d'années.

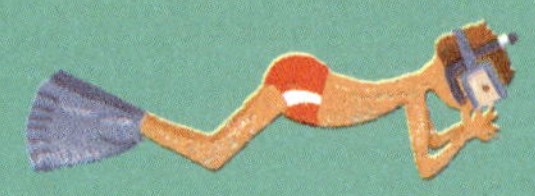

Depuis toujours les gouttes d'eau s'envolent et les petites billes restent dans la mer. Tant et si bien, que le nombre de petites billes de sel ne cesse de grandir.

Voilà pourquoi l'eau de mer est très salée.

Et l'eau qui s'envole, que devient-elle ?

Elle reforme de beaux nuages blancs...

La fausse : « Le saumon »

Les mers et les océans sont suffisamment grands pour qu'il n'y ait pas de problème de « priorité routière » entre les poissons. De plus, un saumon n'est pas capable de rendre l'eau salée et encore moins avec des salières comme à la maison...

La vraie : « Les gouttes d'eau »

À LIRE AVEC TES PARENTS.

Il y a environ 4,5 milliards d'années, la Terre, notre planète, est née. Plusieurs couches se sont alors constituées petit à petit. Au centre de la Terre, il y a le noyau, puis au-dessus, le manteau, puis encore au-dessus la croûte terrestre (appelée lithosphère). Après plusieurs millions d'années, les océans et

les mers (appelés hydrosphère) ont ensuite recouvert la croûte terrestre. Enfin, une couche d'air est apparue tout autour de la Terre : c'est l'atmosphère.

Au moment du refroidissement de la Terre, la croûte terrestre a été recouverte en partie par de l'eau. En ruisselant sur le sol, l'eau a dissous de nombreux éléments chimiques dont ceux qui constituent le sel. C'est à cette époque que les océans ont récolté la quasi-totalité du sel qu'ils possèdent encore aujourd'hui.

Depuis, les eaux de pluie transportent chaque jour jusqu'à la mer, un tout petit peu de sel contenu dans le sol.

DANS L'EAU DOUCE
1.Carpe
2.Brochet
3.Truites
4.Écrevisses
DANS L'EAU SALÉE
1.Requin
2.Crabe
3.Moules
4.Raie
5.Crevettes
RIVIÈRES
FLEUVES
MER

C'est pour cela que les mers et les océans sont aujourd'hui salés. C'est pour cela qu'il existe des poissons de mer et des poissons d'eau douce.

Mais, le saumon, qui ne faisait partie ni du camp du requin ni de celui de la carpe peut sans aucun problème vivre dans les mers ou dans les fleuves.

– Mais comment allons-nous faire pour ne pas nous tromper ? Comment allons-nous faire pour rester sur notre territoire ?, lui demandèrent la carpe et le requin.

– Facile, répondit le saumon, je vais saler la mer et les océans et vous sentirez tout de suite la différence si vous vous êtes égarés. »

N
O
Ɛ
S
fleuve
rivière
OCÉAN
tropique
mer

Toi le requin, tu nageras dans la mer et les océans avec tes amis mais tu n'auras pas le droit de rejoindre les lacs et les fleuves.

Et toi la carpe, tu ne pourras plus quitter les lacs, les rivières et les étangs.

Le saumon était très intelligent et un peu magicien.
C'était le plus sage des poissons et la carpe et le requin vinrent lui demander de régler leur problème.

Le saumon réfléchit un instant puis il leur dit : « Puisque vous ne vous entendez pas, il suffit d'habiter chacun sur un territoire différent avec tous vos amis.

S POUR LA CARPE
VIVE LE REQUIN

Alertée par les hurlements de la carpe et du requin, une foule de poissons vint assister à la dispute.

Puis, ils prirent parti pour l'un ou pour l'autre et le soir même, tous les poissons avaient choisi leur camp, sauf un : le saumon.

Mais, un beau matin, une carpe et un requin se disputèrent violemment pour un stupide refus de priorité.

L'affaire aurait pu en rester là mais ses conséquences furent incroyables.

Il y a des milliards d'années, quand les dinosaures n'étaient encore que des bébés, les poissons du monde entier vivaient en paix.

Les sardines et les morues aimaient se promener dans les lacs et les rivières, les truites et les goujons flânaient dans les océans. Tout le monde était heureux.

MAIS POURQUOI la mer est-elle salée ?

Est-ce grâce au saumon magicien ?

Lis les deux histoires. Devine laquelle est vraie et découpe la pochette secrète qui se trouve au milieu du livre pour vérifier ta réponse.

LES INFOS DU PETIT MUSC

6-9 ans

Des jolies histoires pour découvrir en famille des réponses simples à des questions compliquées.

Pour chaque question, il y a deux explications. Les enfants jouent à trouver laquelle est vraie, s'amusent en lisant la fausse et vérifient leur choix dans la pochette secrète.

39,00 F
5,95 €

DANS LA MÊME COLLECTION :

Illustrations : Laurence Jammes
Texte version fausse : Jean-Michel Billioud
Texte version vraie : France Cayet

le petit musc

LES ÉDITIONS DU PETIT MUSC
GROUPE PLAY BAC
33, rue du Petit-Musc
75004 Paris - FRANCE
Tél. : 01 53 01 24 00
www.petit-musc.com
Diffusion FLAMMARION

Loi n°49956 du 16 juillet 1949 les publications destinées à la jeune